KEYBOARD TALENT HUNT
BOOK TWO

For the Very Early Child Beginner at Piano or Electronic Keyboard

By JOHN W. SCHAU

Edited by Wesley Schaum

T0078741

FOREWORD

This book is intended for the pre-primer student as a follow-up to *"Keyboard Talent Hunt, Book One."* The pupil should play ONLY from LETTER NAMES, using the hand positions shown on page 2. Music notation (staffs, clefs, notes, etc.) has been purposely omitted to make the book as easy as possible.

All pieces are to be presented and practiced with a STEADY BEAT, with duet accompaniments serving as reinforcement. The duet accompaniments are intended for the teacher to play along at the lesson and can also be used at home by the parent. The duets provide ensemble experience plus valuable rhythmic training.

For added experience and review, each piece may be played at different octaves of the keyboard (one or two octaves higher or lower). In such cases, the octave of the accompaniment would have to be adjusted accordingly.

Upon completion of this book, it is recommended that the student continue with Schaum's *"Making Music Method, Primer Level,"* *(catalog #0131)* which presents note reading and other musical fundamentals using the effective and thoroughly proven middle-C approach.

For students who show especially good proficiency, *"Making Music Method, Primer Level"* could be started after completing only part of this *"Keyboard Talent Hunt, Book Two,"* with the pupil working in both books simultaneously.

Schaum Publications, Inc.
10235 N. Port Washington Rd. • Mequon, WI 53092
www.schaumpiano.net

EXCLUSIVELY DISTRIBUTED BY

HAL•LEONARD®
CORPORATION
7777 W. BLUEMOUND RD. P.O. BOX 13819 MILWAUKEE, WI 53213

01-21

2

Left Hand Position

C D E F G
5 4 3 2 1

Teacher's Note: The pieces on pages 2 through 11 should be played in these C-major positions:

L.H. Position   R.H. Position

5 4 3 2 1   1 2 3 4 5

Right Hand Position

C D E F G
1 2 3 4 5

1. Squirrels (4/4)

R.H. { C D E F | G G G – | G F E D | C C C – ‖
L.H. { C – – – | C – – – | C – – – | C – – –

Squirrels climb up the   trees with ease.   Down they scam- per   like a breeze.

* Accompaniment for "Squirrels" and "Eagles"

* Stem up = R.H. Stem down = L.H.

2. Eagles (4/4)

R.H. { C – – – | C – – – | C – – – | C – – – ‖
L.H. { C D E F | G G G – | G F E D | C C C –

Ea- gles fly up   in the sky.   Then they swoop down   for their food.

TEACHER'S NOTE

The DASH (–) means to hold the key an extra beat. The pupil may recite the word "wait" or "hold" when a dash occurs.

(Where two or three successive dashes appear, the key should be held two or three extra beats.)

3. Popping Corn ($\frac{4}{4}$)

R.H.	E C G –	E C G –	G F E D	C E G –
L.H.	C – – –	C – – –	G – – –	C – – –
	Pop - ping corn,	Pop - ping corn,	When you eat some	you want more.

R.H.	E C G –	E C G –	G F E D	C E C –
L.H.	C – – –	C – – –	G – – –	C – – –
	Pop - ping corn,	Pop - ping corn,	Ev' - ry - one loves	pop - ping corn.

* **Accompaniment for "Popping Corn"**

* Stem up = R.H. Stem down = L.H.

Note: The book may placed behind the black keys of the keyboard so that the following diagram is directly above the corresponding keys.

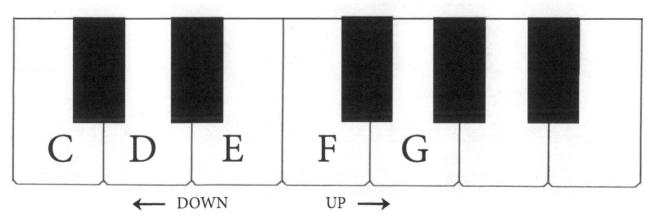

4. Goodnight $\left(\begin{smallmatrix}4\\4\end{smallmatrix}\right)$

R.H. { G E D E | F E D – | D E F D | E F G – |
L.H. { C – – – | G – – – | G – – – | G – – – |

Su - zy's   in   her   coz - y   bed.   Snug - gling   with   her   bear   named   Ted.

R.H. { G E D E | F E D – | D E F D | E D C – ||
L.H. { C – – – | G – – – | G – – – | C – – – ||

Mom - my   just   turned   off   the   light.   Now   it's   time   to   say   good - night.

Accompaniment for "Goodnight"

5. Kite Flight ($\frac{4}{4}$)

R.H. ⎧ E C E C | E G G – | F D D – | E C C – |
L.H. ⎩ C – – – | G – – – | G – – – | C – – – |

Come and fly a   kite to- day.   There's a breeze   in the air.

R.H. ⎧ E C E C | E G G – | F D D – | C E C – ‖
L.H. ⎩ C – – – | G – – – | G – – – | C – – – ‖

Fly your kite high   in the sky.   Up it goes,   past the trees.

Accompaniment for "Kite Flight"

6. Sweetly Sings the Donkey ($\frac{4}{4}$)

R.H.	C D C D	E – E –	D C D E	C – – –
L.H.	C – – –	G – – –	F – – –	E – C –

Sweet- ly sings the   don- key   At the break of   day.

R.H.	E D E F	G – G –	F E F G	E – – G
L.H.	C – – –	E – – –	D – – –	C – – –

If you do not   feed him,   This is what he'll   say: "Hee-

R.H.	C – – G	C – – G	C G C G	C – – –
L.H.	C – – –	C – – –	C – C –	C – – –

haw!   Hee-   haw!   Hee-   haw! Hee- haw! Hee-   haw!"

Accompaniment for "Sweetly Sings the Donkey"

sempre staccato

7. Song of Sleep and Snow ($\frac{4}{4}$)

R.H. { E – D D | C – – C | E E D D |
L.H. { G – F – | E – – – | G – F – |

Sleep,   chil- dren   sleep.   The   win- ter snow is

R.H. { C – – E | F F D D | G G E E |
L.H. { E – – – | D – F – | E – G – |

deep.   The   owls and squir- rels   and   the   bees all

R.H. { F F D D | G G E – | E – D D | C – – – |
L.H. { D – F – | E – G – | G – F – | E – – – |

snug- ly sleep in   hol- low trees.   Sleep,   chil- dren   sleep.

Accompaniment for "Song of Sleep and Snow"

8. The Woodpecker ($\frac{3}{4}$)

R.H.	C D C	E D C	D E D	F – D
L.H.	C – –	C – –	G – –	G – –
	I know a	bird with a	shin- y red	head, A

R.H.	E F E	G F E	D – –	– – –
L.H.	C – –	C – –	G – –	G – –
	real clev- er	drum- mer is	he.	

R.H.	C D C	E D C	D E D	F – D
L.H.	C – –	C – –	G – –	G – –
	Rat- a- tat-	tat, he keeps	time with his	beak As

R.H.	E F E	D – E	C – –	– – –
L.H.	C – –	G – –	C – –	C – –
	mer- ri- ly	as can	be.	

Accompaniment for "The Woodpecker"

9. Marching Song $\left(\begin{smallmatrix} 4 \\ 4 \end{smallmatrix}\right)$

Words by Robert Louis Stevenson (adapted)

R.H. { G E E D | E G E C | D E F E | D — — —
L.H. { G | G | G | G   G
         C — — — | C — — — | C — — — | C — C —

Bring the comb and   play up- on it,   March- ing here we   come;

R.H. { G E E D | E G E C | D E F D | C — — —
L.H. { G | G | G | G   G
         C — — — | C — — — | C — — — | C — C —

Wil- lie wears his   high- land bon- net,   John- ny beats the   drum.

R.H. { D E F D | E G E C | D E F D | E — — —
L.H. { G | G | G | G   G
         C — — — | C — — — | C — — — | C — C —

Car- o- line com-   mands the par- ty,   Mike- y leads the   rear;

R.H. { G E E D | E G E C | G F E D | C — — —
L.H. { G | G | G | G
         C — — — | C — — — | C — — — | C — — —

Feet in time, a-   lert and heart- y,   Each a gren- a-   dier.

Accompaniment for "Marching Song"

Repeat 4 times. Use 2nd ending the last time.

10. Lightly Row $\left(\frac{4}{4}\right)$

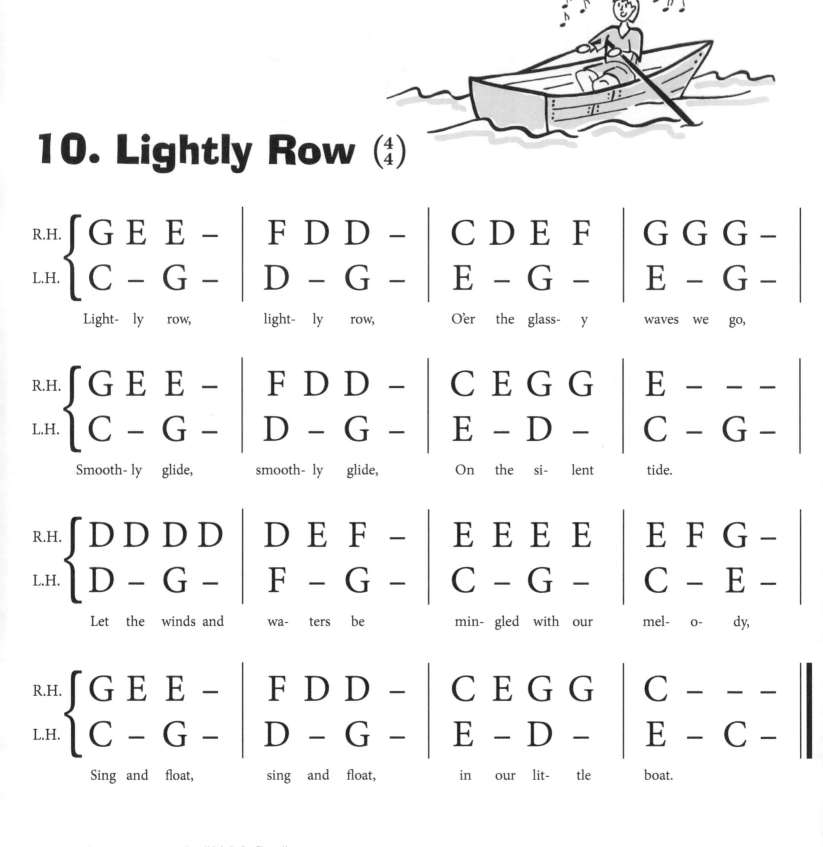

R.H.	G E E –	F D D –	C D E F	G G G –
L.H.	C – G –	D – G –	E – G –	E – G –

Light- ly row,   light- ly row,   O'er the glass- y   waves we go,

R.H.	G E E –	F D D –	C E G G	E – – –
L.H.	C – G –	D – G –	E – D –	C – G –

Smooth- ly glide,   smooth- ly glide,   On the si- lent   tide.

R.H.	D D D D	D E F –	E E E E	E F G –
L.H.	D – G –	F – G –	C – G –	C – E –

Let the winds and   wa- ters be   min- gled with our   mel- o- dy,

R.H.	G E E –	F D D –	C E G G	C – – –
L.H.	C – G –	D – G –	E – D –	E – C –

Sing and float,   sing and float,   in our lit- tle   boat.

Accompaniment for "Lightly Row"

11. Icebergs $\left(\begin{smallmatrix}3\\4\end{smallmatrix}\right)$

R.H. { C – D | E D C | G – – | D – –
L.H. { C G – | C – – | D F G | D F G

Ice - bergs   float   in   the   o -   cean,

R.H. { D – E | F E D | E – – | C – –
L.H. { D G – | D – – | C E G | C E G

Tall   and   big   as   a   moun -   tain.

R.H. { C – D | E D C | G – – | D – –
L.H. { C G – | C – – | D F G | D F G

Sail-   ors   watch   out   for   ice -   bergs,

R.H. { D – E | F E D | C – – | – – –
L.H. { D G – | D – – | C E G | C – –

So   their   boats   will   be   safe.

Accompaniment for "Icebergs"

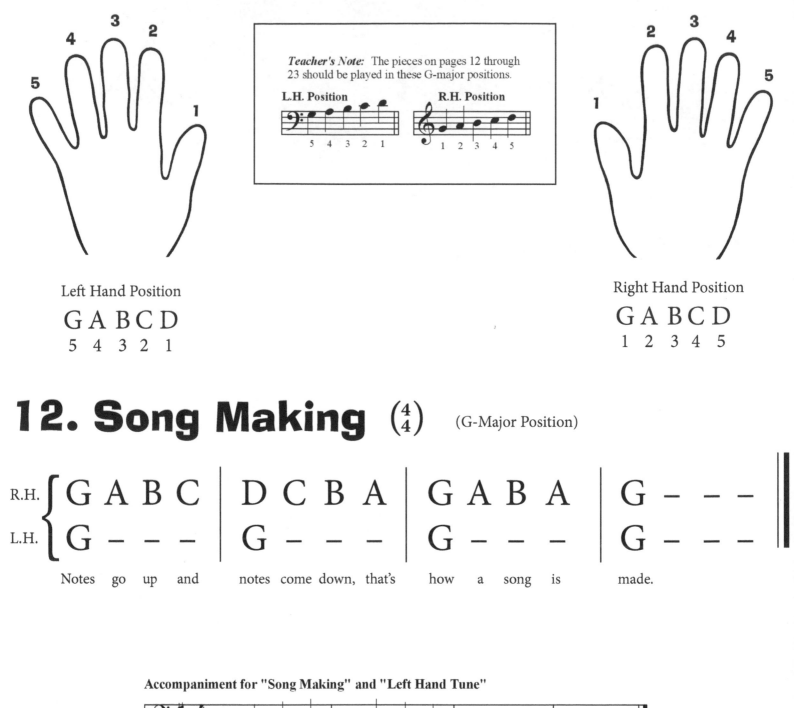

Left Hand Position
G A B C D
5 4 3 2 1

Right Hand Position
G A B C D
1 2 3 4 5

Teacher's Note: The pieces on pages 12 through 23 should be played in these G-major positions.

L.H. Position
5 4 3 2 1

R.H. Position
1 2 3 4 5

12. Song Making $\left(\begin{smallmatrix}4\\4\end{smallmatrix}\right)$ (G-Major Position)

R.H. ⎰ G A B C │ D C B A │ G A B A │ G – – – ‖
L.H. ⎱ G – – – │ G – – – │ G – – – │ G – – –

Notes go up and   notes come down, that's   how a song is   made.

Accompaniment for "Song Making" and "Left Hand Tune"

13. Left Hand Tune $\left(\begin{smallmatrix}4\\4\end{smallmatrix}\right)$ (G-Major Position)

R.H. ⎰ G – – – │ G – – – │ G – – – │ G – – – ‖
L.H. ⎱ G A B C │ D C B A │ G A B A │ G – – –

Go- ing up and   com- ing down, the   left hand plays a   tune.

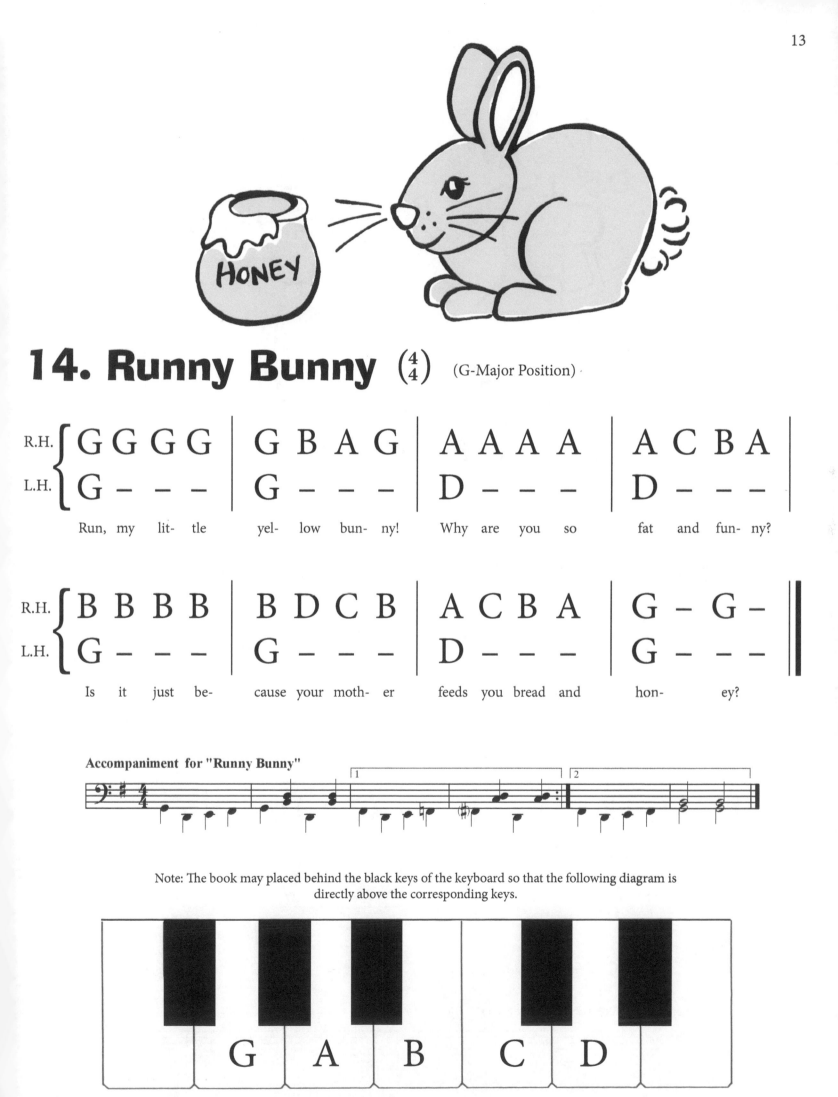

14. Runny Bunny $\left(\frac{4}{4}\right)$ (G-Major Position)

R.H. { G G G G | G B A G | A A A A | A C B A
L.H. { G – – – | G – – – | D – – – | D – – –

Run, my lit- tle yel- low bun- ny! Why are you so fat and fun- ny?

R.H. { B B B B | B D C B | A C B A | G – G –
L.H. { G – – – | G – – – | D – – – | G – – –

Is it just be- cause your moth- er feeds you bread and hon- ey?

Accompaniment for "Runny Bunny"

Note: The book may placed behind the black keys of the keyboard so that the following diagram is directly above the corresponding keys.

G   A   B   C   D

← DOWN   UP →

15. Wooden Shoes $\left(\frac{4}{4}\right)$ (G-Major Position)

R.H. { B B G B | D – B D | C A D – | B – – –
L.H. { G – – – | B – – – | D – – – | G – – –

Wood- en shoes are click- ing, a- click - i - ty click!

R.H. { B B G B | D – B D | C A D – | G – – –
L.H. { G – – – | B – – – | D – – – | B – – –

Wood- en shoes are kick- ing, a- kick - i - ty kick.

Accompaniment for "Wooden Shoes"

16. Piggy Bank $\left(\frac{4}{4}\right)$ (G-Major Position)

R.H. { B – B A | G – G – | A – A C | B – G –
L.H. { G – – – | B – – – | D – – – | G – – –

Have you a dol- lar? Have you a dol- lar?

R.H. { D – D C | B – B B | A G A B | G – – –
L.H. { B – – – | D – – – | C – – – | B – – –

Have you a dol- lar? In- side your pig- gy bank?

Accompaniment for "Piggy Bank"

17. I Saw a Mouse $\left(\frac{3}{4}\right)$

R.H. { B B A | G – – | B B A | G – – |
L.H. { G – – | B – – | G – – | B – – |

I saw a mouse. Here in this house.

R.H. { B C D | D C C | A B C | C B B |
L.H. { G – – | D – – | D – – | G – – |

I saw his lit- tle tail, Thin as a ti- ny nail.

R.H. { G G A | B – – | B B A | G – – ‖
L.H. { B – – | D – – | D – – | B – – ‖

I saw a mouse. Here in this house.

Accompaniment for "I Saw a Mouse"

18. Swing Me High (³⁄₄)

R.H. { G – G | G – B | D – B | G – – |
L.H. { G – – | D – – | B – – | D – – |

Mar-   y,   Mar-   y,   swing   me   high!

R.H. { A – B | C – B | A – B | A – – |
L.H. { C – – | D – – | C – – | D – – |

Swing   me   high,   Oh!   swing   me   high!

R.H. { G – G | G – B | D – B | G – G |
L.H. { G – – | D – – | B – – | D – – |

Mar-   y,   Mar-   y,   swing   me   high,   A-

R.H. { A – B | C B A | B – – | G – – |
L.H. { C – – | D – – | G – – | B – – |

mong   the   flow-   er-   ing   branch-   es.

Accompaniment for "Swing Me High"

19. The Polecat $\left(\begin{smallmatrix}4\\4\end{smallmatrix}\right)$

R.H. { G A B G | A B C – | A B C A | B – D – |
L.H. { B – – – | C – – – | D – – – | G – – – |

Char- lie climbed a   ten foot pole!   Thought he was a   pole-   cat!

R.H. { G A B G | A B C – | D C B A | G – – – |
L.H. { B – – – | C – – – | D – – – | B – G – |

Now he is a   scared- y cat.   We will help him   down.

R.H. { A D A D | B C D – | A D A D | B A G _ |
L.H. { C – – – | D – – – | C – – – | G – – – |

Char- lie made a   big mis- take.   This one wins a   cat- nip cake.

R.H. { G A B G | A B C – | D C B A | B – G – ‖
L.H. { B – – – | C – – – | D – – – | G – – – ‖

Char- lie climbed a   ten foot pole!   Thought he was a   pole   cat!

Accompaniment for "The Polecat"

20. Have a Happy Day $\left(\begin{smallmatrix}3\\4\end{smallmatrix}\right)$

R.H.	B B B	D – G	C – C	B – –
L.H.	G – –	B – –	A – –	G – –

We hope you have a hap- py day.

R.H.	G G G	B – G	A – B	A – –
L.H.	B – –	G – –	A – –	D – –

Wear a big smile up- on your face.

R.H.	C C C	B – B	A – A	G – –
L.H.	A – –	G – –	C – –	B – –

Hope things go smooth at work and play.

R.H.	B B B	D – G	A – B	G – –
L.H.	G – –	B – –	C – –	B – –

Let's make the world a hap - py place.

Accompaniment for "Have a Happy Day"

21. My Shadow (4/4)

Words by Robert Louis Stevenson

R.H. { G | B G C A | D B B D | C B C A | B – – G
L.H. { | G – A – | B – – – | A – – – | G – – –

I have a lit- tle shad- ow that goes in and out with me, And

R.H. { B G C A | D B B D | C B C A | G – G G
L.H. { G – A – | B – – – | A – – – | B – – –

what can be the use of him is more than I can see. He is

R.H. { A A B B | C C A A | B B C C | D – G G
L.H. { C – B – | A – – – | G – A – | B – – –

ver- y, ver- y like me from the heels up to the head, And I

R.H. { A A B B | C C A A | B B A A | G – –
L.H. { C – B – | A – – – | G – C – | B – –

see him jump be- fore me as I jump in- to my bed.

Accompaniment for "My Shadow"

22. Circus Bear $\left(\begin{smallmatrix}3\\4\end{smallmatrix}\right)$

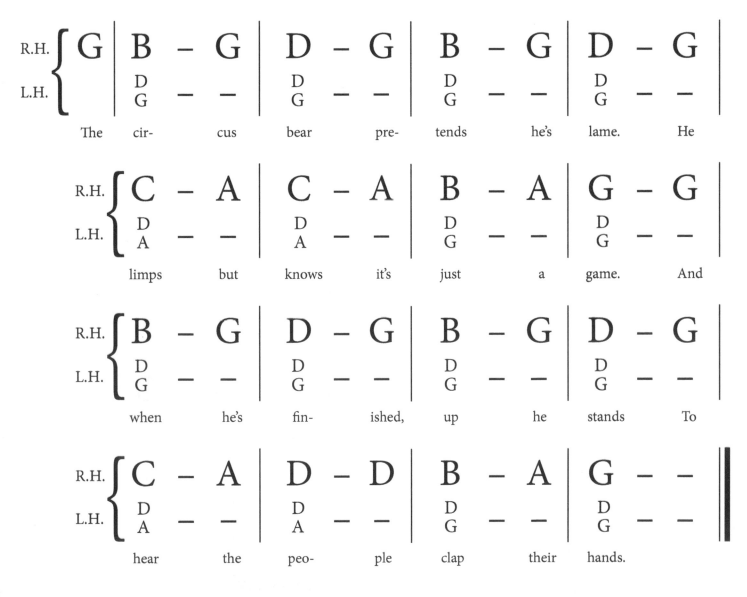

R.H.	G	B – G	D – G	B – G	D – G
L.H.		D G – –	D G – –	D G – –	D G – –

The cir- cus bear pre- tends he's lame. He

R.H.	C – A	C – A	B – A	G – G
L.H.	D A – –	D A – –	D G – –	D G – –

limps but knows it's just a game. And

R.H.	B – G	D – G	B – G	D – G
L.H.	D G – –	D G – –	D G – –	D G – –

when he's fin- ished, up he stands To

R.H.	C – A	D – D	B – A	G – –
L.H.	D A – –	D A – –	D G – –	D G – –

hear the peo- ple clap their hands.

Accompaniment for "Circus Bear"

23. Feather Game (4/4)

R.H. { G A B G | A B C A | D – C – | B – – – |
L.H. { B – – – | C – – – | B – A – | G – – – |

Toss a feath- er in the air, Then blow, blow, blow.

R.H. { G A B G | A B C A | B – G – | A – – – |
L.H. { B – – – | C – – – | D – – – | C – D – |

See how long you keep it there, Then blow, blow, blow.

R.H. { G A B G | A B C – | A B C A | B C D _ |
L.H. { B – – – | C – – – | C – – – | D – – – |

Like a bird you see it fly, Up and up and up so high.

R.H. { D C B G | A B C A | D – D – | G – – – |
L.H. { B – – – | C – – – | D – – – | B – – – |

When it comes back drift- ing by, Then blow, blow, blow.

Accompaniment for "Feather Game"

24. The Owl $(\frac{4}{4})$

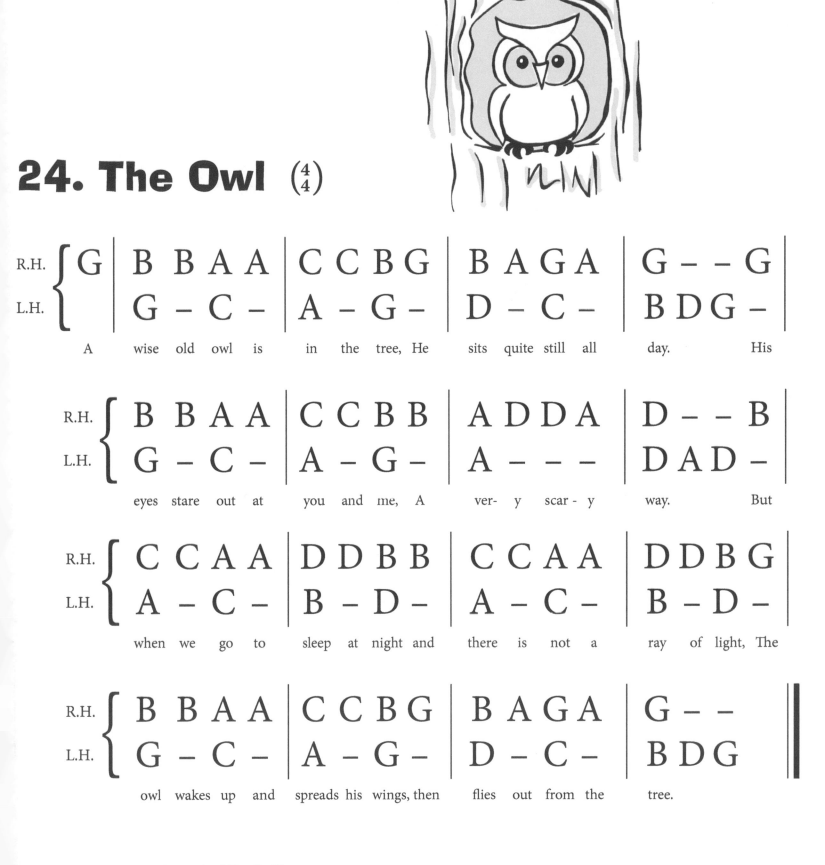

R.H. ⎰ G | B B A A | C C B G | B A G A | G – – G |
L.H. ⎱ | G – C – | A – G – | D – C – | B D G – |

A wise old owl is in the tree, He sits quite still all day. His

R.H. ⎰ B B A A | C C B B | A D D A | D – – B |
L.H. ⎱ G – C – | A – G – | A – – – | D A D – |

eyes stare out at you and me, A ver- y scar-y way. But

R.H. ⎰ C C A A | D D B B | C C A A | D D B G |
L.H. ⎱ A – C – | B – D – | A – C – | B – D – |

when we go to sleep at night and there is not a ray of light, The

R.H. ⎰ B B A A | C C B G | B A G A | G – – |
L.H. ⎱ G – C – | A – G – | D – C – | B D G |

owl wakes up and spreads his wings, then flies out from the tree.

Accompaniment for "The Owl"